DE
LA GUERRE.

Væ victis !.....
Væ victoribus !.....

PARIS,

A. PIHAN DELAFOREST,
IMPRIMEUR DE LA COUR DE CASSATION,
rue des Noyers, n° 37.

1831.

Le cri de guerre éclate.

Il manque à savoir ce qu'il veut dire, et s'il a quelque sens.

Il manque à savoir d'où il part, et s'il aurait quelque durée.

Pour qui faire la guerre? contre qui faire la guerre? C'est le premier problème à résoudre.

Pour la Belgique et contre la Prusse, il n'y a plus lieu : l'une étant reconnue, l'autre ayant reconnu.

Pour la Pologne et contre la Russie, il n'y a pas moyen : le continent étant à dompter sur la route; cet empire étant relégué sous les pôles.

Pour l'Italie et contre l'Autriche ; l'équité hésite à traverser, à subjuguer, à révolutionner le Piémont inoffensif.

La raison doute, si c'est une insurrection de nation ou de faction : auquel cas, la France irait imposer un joug nouveau, au lieu de briser l'ancien joug.

Qui veut la guerre? la voudra-t-on long-temps? Tel est le second problème.

Au milieu de cent voix qui se taisent, une voix qui crie est seule entendue.

Rien n'est plus commun, que la souveraineté du peuple, en passant de la théorie à la pratique, vienne aboutir à la tyrannie d'une étroite minorité.

On ne désire pas cela ; on fera le compte au plus juste. On mettra même à part, ceux qui n'ont rien à perdre et ceux qui ont tout à gagner, à la guerre.

Encore, cette minorité ne criera pas long-temps, sauf que ce soit dans le sens contraire.

Les angoisses du présent, la peur de l'avenir poussent à la guerre.

Et la guerre, heureuse ou malheureuse, fera succéder les désastres aux angoisses, amènera le mal en place de la peur.

Or, en cet état de choses, quel homme serait indigne, ignoble, au point de ne pas parler haut et fort ?

Au reste, il n'a guère qu'à se répéter.

Faites la guerre : le monde entier retombera dans le chaos. (*Le général Sébastiani.*)

Faites la guerre : il s'ensuivra une conflagration universelle. (*M. Laffitte.*)

Faites la guerre : chaque père de famille aura peut-être à donner son dernier enfant. (*M. Odillon-Barrot.*)

Il y a pis encore.

Au moins, les partis les plus extrêmes doivent être d'accord sur un point.

C'est le point de la subversion radicale, de la dissolution complète de la société.

En 1789, les *demeurans d'un autre âge* ont subi le coup fatal, avant de s'en douter.

En 1830, les demeurans d'un âge récent et pourtant suranné, auront à le subir aussi, avant d'y songer.

Ils ont vaincu par le peuple, et ils s'imaginent que le peuple a vaincu pour eux.

Ils n'entendent pas que la révolution politique amène la révolution industrielle, prépare la révolution sociale.

Pendant la victoire, les masses ont senti leurs forces : après la victoire, elles sentent leurs besoins.

Le citoyen a ouvert les voies devant l'homme : l'idéal s'évapore, faisant place au réel.

Alors que les remparts du droit ont été minés et rasés, le domaine des intérêts appelle l'invasion.

Voyez ce peuple, dont chaque membre pris à part, est courbé sous la misère, est brisé par la mort.

Dont les membres ralliés en masse, disposent du trône, des chambres, de la société.

Et concevez les suites.

Mais on ne voit rien, on ne conçoit rien.

Ainsi, en d'autres temps, le cabinet du 8 août inquiétait ; et l'adresse fut lancée ; et la crise éclata.

Et de cette révolution faite sans le savoir, on ne sait plus que faire.

De même, à cette heure, l'état d'incertitude tourmente : et quelque note sera lancée ; et la guerre éclatera.

Et de cette guerre échue à l'improviste, on ne saura diriger les mouvemens.

Il n'y a point d'homme.

Aussi, les hommes s'émeuvent, se troublent, se jettent en avant, en arrière, sans relâche, sans terme.

Il n'y a point d'homme, à qui se porte la foi, à qui se rapporte la gloire.

Aussi, les hommes s'en prendront les uns aux autres, des revers ; se prévaudront les uns ou les autres, des succès.

Le peuple vainqueur sera encore plus impossible à contenir que le peuple souverain.

Le peuple vaincu se vengera des meneurs, se frappera lui-même, en les frappant d'abord.

On parle de prévenir les puissances dans leurs intentions hostiles.

Il vaudrait mieux les attendre.

D'abord elles ne viendront pas, s'étant abstenues au temps de notre faiblesse, ayant consenti quant à la Belgique, étant empêchées par l'Angleterre.

Autrement, c'en serait fait d'elles.

Sous les deux rapports, le ministre des affaires étrangères a parlé net, à quiconque entend.

« C'est sur ce sol, c'est ici que vous êtes des-
« tinés à vaincre, quelles que soient leurs forces,
« les ennemis qui auraient l'audace d'insulter vos
« frontières; c'est ici que vos armées s'appuieront
« sur une population immense, intrépide; c'est
« ici que les aggresseurs n'arriveraient que réduits
« dans leur nombre, privés de leurs ressources,
« affaiblis par le trajet. » (18 mars.)

« Si vous allez au-delà du Rhin ou des Alpes,
« prendre l'initiative de la guerre, vous vous pré-
« senterez au combat, affaiblis, privés de l'appui
« de votre garde nationale, et bientôt aussi de la
« sympathie des peuples. A quelles conditions
« conserverez-vous leur affection? c'est en res-
« pectant l'ordre, les propriétés, les droits de toute
« espèce : et alors vous vous condamnez à d'im-

« menses sacrifices, car tout le fardeau de la
« guerre retombe sur vous. Que si vous voulez
« en faire porter le poids aux autres peuples, ils
« deviennent à l'instant même, vos ennemis. »
(*Idem.*)

Quant aux suites inévitables, quant aux consé-
quences essentielles de la guerre, c'est ainsi
qu'elles ont été déja exposées.

« En 1830, de même qu'en 1789, les partis
politiques, inhabiles à se concilier, impuissans à se
subjuguer par le seul art des raisonnemens, ont
eu recours à la raison suprême, à la raison des
armes.

« On s'est fait vainqueur par le peuple : et on a
été content.

« Comme aussi le peuple s'est fait vainqueur à
sa part; et il a à se contenter.

« Or, en droit, le peuple paraît plus fondé à se
plaindre, à s'insurger, étant en peine pour son
existence; au lieu qu'on n'était qu'à la gêne, quant
à la liberté.

« En fait, rien ne résiste à sa force, d'autant
qu'elle est aveugle, qu'elle est folle. ».........
. . . .

« Si la guerre a lieu, les succès ou les revers
importent peu.

« Les masses ont été mises en mouvement, et
se ruent sur les rangs supérieurs.

« Dans la défaite, elles s'irritent, crient à la

trahison, exercent leurs vengeances, et s'inondent de sang.

« Après la victoire, elles s'exaltent, crient à l'oppression, défient l'autorité, promènent la licence et l'anarchie en tout lieu.

« Depuis des siècles, on ne fut ni juste ni sage.

« Le terrible compte serait soldé en peu de jours. » (*Les périls du Temps*, 1830.)

Il n'y a point de motifs absolus de guerre.

La révolution n'a inspiré aux puissances que deux sentimens de l'ordre passif :

Le regret amer de ne s'être pas saisi, en 1814 ou 1815, des provinces limitrophes ;

La vive colère d'avoir été compromis deux fois, à raison de la dynastie française.

Or, le regret n'excite point aux risques du combat ; la colère se refuse au prix du triomphe.

Nul espoir ne tente.

Et la répugnance s'oppose à laisser la Russie traverser encore l'Allemagne, percer jusqu'en France.

Et l'intervention part aussitôt de l'Angleterre, appelée à commander la paix, en ce qu'elle décide de la balance des forces.

Il n'y a que des motifs relatifs de guerre.

Si l'esprit de propagation, s'efforçait à pénétrer dans les contrées voisines.

Ou si l'état de désordre et de discorde, allait à la fois porter l'inquiétude et promettre le succès.

La guerre ne peut provenir que de la France, soit qu'elle engage l'attaque ou appelle l'attaque.

Jamais l'étranger ne prendra les armes qu'à la dernière extrémité.

C'est en son sein que se rencontrent nos garanties.

L'Italie entière, l'Allemagne en partie, menacent de suivre l'exemple de la France et de la Belgique :

Les peuples en entrant en furie ; les troupes en faiblissant ou trahissant.

Il n'est prescience qui devine, ni puissance qui prévaille en de telles circonstances.

Un roi tombé disait peu encore ; un second dit mille fois plus ! Quel sera le troisième, le quatrième ?

Le problème étant arrivé à ces termes, la solution atteint l'homme même.

Et l'homme-roi tremble d'autant plus, qu'il n'est pas fait aux chances de péril.

Le désespoir seul viendrait à se défendre, alors combattant à outrance.

De vaines apparences trompent.

A l'aspect, les précautions, les prétentions ne diffèrent pas.

Même la peur, à l'effet de se dissimuler, imite les façons de l'audace.

Il faut éviter de méconnaître, comme de mépriser la peur.

C'est entamer la lutte, ou c'est provoquer le désespoir.

De telles considérations méritent d'être pesées, quant au développement des forces militaires.

D'autant que l'étranger sera sujet à se tromper aussi, sur l'intention des préparatifs.

La France se défie : l'Europe se défiera.

La défiance réciproque est vouée à attaquer, afin de n'être pas attaqué.

Il s'agit de soulever, de faire se lever la France.

Or, le pays a passé quinze ans dans la morne servilité, quinze ans dans l'insouciance ou la récalcitrance.

Tout à coup lui tombe la liberté, qu'il saisit à cause des profits, dont il ne comprend pas les charges.

Elle est fort de son goût, à l'effet de se dégager de tout lien, de se conduire au gré du caprice.

Il y a loin de là, à quitter ses foyers, à s'enrôler dans les rangs, à marcher aux frontières.

Le pouvoir révolutionnaire ou l'autorité impériale serait requis pour y contraindre.

On ne voit pas comment inventer l'une ; on sait trop où se rencontre l'autre.

Il faudra des clubs et des comités, des prisons et des chaînes, ensuite des échafauds.

Si l'Est et le centre peuvent être ainsi enlevés, le Nord, l'Ouest, le Midi, ne se laisseront pas faire.

Les populations sont de même pâte, font une sorte de nation, ont aussi un genre de liberté.

Et la religion, avec ses ministres persécutés, ses autels violés, ses rites méprisés, se mettra de la partie.

Nul ne doute que des chefs ne s'offrent aux masses ou ne surgissent dans la révolte.

Au moins, les hommes et les écus manqueront à l'armée nationale.

Peut-être même, en cas de revers, la résistance se transformera en insurrection.

D'une part, la terreur, de plus en plus exagérée, fournira des auxiliaires.

D'autre part, la licence, de plus en plus illimitée, passera aux ravages, aux massacres.

L'anarchie ainsi constituée, appellerait la guerre étrangère qui ne serait pas commencée.

L'anarchie exciterait l'ardeur, la confiance, au sein des bandes qui se seraient avancées.

Enfin cet état, plein de périls et d'angoisses, épouvantèra ceux-ci, dégoûtera ceux-là.

Entre ces frères qui se dépouillent et se déchirent, les plus faibles ne verront plus dans l'ennemi, qu'un sauveur.

L'étranger n'aurait jamais fait la conquête du pays; c'est le pays lui-même qui se fait sa conquête. (*Novembre 1830*).

La France, l'Europe viennent d'entrer dans la seconde phase de la révolution sociale, en prenant ce mot dans un sens large.

Il importe d'entendre que celle de 1830 diffère essentiellement de celle de 1789, justement parce qu'elle est arrivée après.

1830 n'a plus à combattre le prestige de la royauté, le patronage de la noblesse, la suprématie du clergé; dont les dépouilles, bientôt conquises, donnèrent à la fois tant de trésors, tant de sectateurs.

Comme aussi, 1830 n'a plus à s'armer de la ferveur des sentimens, du dévouement des passions, qui jettent leur feu au premier choc, qui ne ressuscitent point de leurs cendres : ainsi qu'il est attesté par l'état actuel de l'Espagne, de la Vendée.

Les ressources de l'Etat sont appauvries, desséchées ; le ressort de la société est relâché, amolli.

Et la lutte fut si courte, que les volontés n'ont pas eu à se raccorder, à se rallier en une masse.

Et la victoire fut si facile, que les intérêts ont été entraînés à dévier de la ligne commune, à se jeter sur les voies privées.

En outre, la demi-science du siècle s'est propagée de toute part, s'est presque nivelée ; suscitant à toute opinion, un libre arbitre illimité, ne laissant la prépondérance à aucune autorité.

Une levée en masse serait requise ; un mouvement d'ensemble serait prescrit.

Cette levée, ce mouvement s'accomplirent en 1793, parce que le pouvoir était illimité, parce que les esprits étaient exaspérés, parce que la terreur était organisée, le tout jusqu'à l'excès.

Or, peut-on , veut-on recommencer la Convention ?

D'ailleurs, la France combattait pour ses foyers. L'irruption de 1792 a fait les victoires de vingt ans, comme elle a fait les massacres de septembre, l'assassinat de janvier.

Au lieu qu'il y aurait, maintenant, à se porter vers la Belgique, à s'élancer sur l'Allemagne.

Dans une guerre de défense, l'esprit de liberté, de propriété , de sécurité , offrent une foule de recrues obligées.

Pour une guerre de vengeance, à peine les souvenirs de l'Est promettent quelques auxiliaires.

Voilà que la guerre commence ; et voici comme elle marche, où elle aboutit.

D'abord, la royauté va être abattue çà et là : mais aussi la société ne sera-t-elle pas déracinée ?

C'est un calcul à faire à tête reposée, de supputer combien de trônes mis à bas, doivent équivaloir à une nation mise à néant.

Et cela ne laisse pas que d'être à craindre.

Qu'on ne compare jamais 1792 et 1831.

Sous des formes analogues, le fonds diffère essentiellemment.

Où retrouver cette première innocence, sœur de l'ignorance prolongée, qui, en fait de liberté, se fiait, se livrait, s'abandonnait à la merci des maîtres , d'où lui vint la leçon inattendue ?

Où retrouver ces vierges instincts de loyauté et d'intégrité, enfans de l'immémorial repos , qui , emportés à leur insu, hors des voies habituelles, suivaient de même, dans le droit sens, la ligne tracée par les chefs en crédit?

Où retrouver ce culte fervent de nationalité, dont les prosélytes nouveaux encore, s'attachaient profondément aux autels, attendaient naïvement, en récompense de leur zèle, les faveurs de la gloire et de la fortune?

Tout était illusion : tout est réalité. Ce n'est pas assez d'un et même de deux siècles, pour effacer de la mémoire, les tristes mécomptes, pour laisser renaître dans l'imagination, les rêves brillans.

Ainsi, l'esprit des croisades, l'esprit de la réforme, a lancé les plus vives flammes, puis n'a jeté qu'une vaine fumée, enfin s'est éteint sous les cendres.

De plus, on doit concevoir quels espoirs, quels efforts se montreront parmi le parti hostile ; et quelle puissance d'inertie, de récalcitrance, se développera dans la masse neutre.

On peut pressentir qu'au sein même des vainqueurs d'hier, des dominateurs d'aujourd'hui, s'élèveront et s'exalteront, des ambitions disposées à contrarier le pouvoir à tout risque, afin de le supplanter.

La guerre amènerait le terme de la dissolution : chacun se tenant à l'écart, nul ne se ralliant en masse, tous se divisant, se déchirant entre eux.

La guerre commanderait l'avènement du despotisme, de plus en plus inévitable , indispensable ; et d'autant plus oppressif, en raison de sa tardive apparition. (*Décembre 1830*).

Point de comparaison entre 1792 et 1831.

C'était un accès d'exaltation ; et c'est une crise de dissolution.

Avec la ferveur en tête ; la terreur dans les rangs, il y avait une masse compacte : à leur défaut, il ne reste qu'une bande incohérente.

Comme aussi chez l'ennemi , tout diffère.

Arrière les manies diplomatiques, et les routines stratégiques.

La France a appris à l'Europe, qu'elle seule savait combattre, qu'elle seule pouvait subjuguer. La double leçon ne sera pas perdue.

Toutes les puissances ne font qu'un état. C'est la république une et indivisible , sauf qu'elle se compose de rois.

La crainte commune étouffe les défiances mutuelles : le péril imminent, le désespoir peut-être, suscite un courage à l'avenant.

Les princes se tiennent aux avant-postes , font le coup de feu , attendent la balle.

Il est trop clair : le canon qui aura grondé cette fois , ne doit plus se taire, avant d'avoir foudroyé l'une ou l'autre des souverainetés mises en lutte.

On fait la guerre à l'impériale : des blocs d'hommes sont lancés les uns contre les autres, sont jetés au hasard, sont abandonnés sans scrupule.

Rien n'est ménagé, ni les troupes et les contrées, ni le sang et le feu.

La France ignore ou oublie, quelle haine persiste au cœur des Prussiens, quelle confiance domine chez les Russes, quelle discipline régit les Autrichiens.

Ici, ce n'est pas comme à Paris, ou les soldats incertains s'offraient par honneur à recevoir la mort, se refusaient par instinct à la donner.

Les troupes seraient plutôt animées de ce sentiment électrique de communauté, de nationalité, qui s'est montré dans la crise.

Et les peuples aussi y obéiraient ; les peuples ne réaliseraient pas la vaine espérance de rendre la révolution européenne.

Des émeutes seraient fomentées par les étudians et les ouvriers, seraient apaisées par la bourgeoisie armée.

Les craintes de Bruxelles, les périls de Paris, portent la lumière, rallient à l'autorité, pour se sauver de l'anarchie.

Quant aux campagnes, le patronage est puissant ; l'administration est paternelle : les habitudes sont tenaces.

Puis, une armée d'alliés, d'amis même, parsemée dans les villages, est toujours à charge.

Puis, entre le paysan allemand, et le soldat

français, tout contraste, en fait de langue , de mœurs, de principes.

Les faits ont parlé naguère ; la raison parle plus haut encore.

Où la religion réside , elle domine. La liberté marche à sa suite au plus, et ne la devance pas, ne la supplante pas.

Jugez si , dans ces contrées , soit catholiques, soit protestantes, l'impiété érigée en dogme, passée en coutume, doit prétendre à l'empire.

Supposons pourtant que l'Allemagne est révolutionnée. Un instant suffit pour détruire ; les siècles échouent à reconstruire.

D'abord, les cultes diffèrent : et par la plus étrange anomalie, c'est au 19ᵉ siècle que les guerres religieuses viennent à ressusciter dans le nord de l'Europe, dans le midi de la France.

Comme cette contagion se propage, la liberté donnée à chaque peuplade, mettra en état d'hostilité, toutes les peuplades de communion diverse.

Ensuite, sous le rapport politique, que deviendront les quarante ou cinquante Etats souverains ?

Les uns et les autres se réuniront-ils en corps ? reconnaîtront-ils la monarchie ou la république ?

Chacun restera-t-il libre et maître ? tous sous la même forme ; ou celui-ci, celui-là sous un mode dissemblable ?

Enfin, entre les villes et les campagnes, qui com-

2

mandera, qui obéira ? par qui sera réglé le tribut, sera opérée la dépense ?

Ce point capital est à peser, que tout individu se voit doué d'un droit pareil, d'un droit absolu ; ce qui rend l'accord un peu difficile.

Cet autre point n'est pas, non plus, à négliger, que telle et telle classe se sent investie à un degré plus ou moins haut, de la force physique et morale : ce qui rend l'harmonie fort incertaine.

Qu'on révolutionne donc ? ....

C'est travailler contre soi ; c'est se charger de peines et s'exposer aux risques ; c'est s'obliger à mettre la paix de force, à tenir la liberté à la chaîne : sot et dur métier.

Qu'on révolutionne !

Les rois ennemis, les rois vaincus se retirent à l'abri, attendent en repos.

Et les peuples fatigués des ravages, des massacres réactionnaires, rappellent ceux qui maintenaient l'ordre, expulsent ceux qui ont apporté la discorde.

Un jour, la France est mise au ban de l'Europe, car la Prusse, l'Autriche, la Russie font l'Europe.

Or, que ces puissances, bientôt assistées par l'Angleterre, prennent l'offensive, ou gardent la défensive ; peu importe !

En n'envahissant pas le pays, en se tenant seulement sur les frontières, la France subit la honte, subit la gêne; et libre en apparence, s'en prend à la cause, se venge de tant de maux.

En attaquant , en inondant le sol de leurs armées, en couvrant l'Océan de leurs flottes; la France se défend sans doute; et cependant ne se défend pas de grand cœur.

La France est lassée, est comme dégoûtée d'elle-même; en sa conscience instinctive, le tort vient de sa part, le droit est du bord opposé.

La France se laisse aller, cesse d'être ; il n'y a plus de France.

Que dire encore? le fer tranche ses destinées, la confine à l'étroit; insouciant dès-lors du morne sceptre qui doit la régir. (*Idem*).

EXTRAITS DU *TIMES*.

« L'invasion de la Pologne donnera au parti ultra-libéral, un nouveau sujet d'accusation contre le ministère. Depuis long-temps, ce parti a proclamé que la co-existence de la révolution de France, et de l'alliance des rois de l'Europe, est impossible ; que la France doit les attaquer, ou sera attaquée par eux ; qu'elle doit considérer la cause de tous les peuples combattant pour la liberté comme sa cause propre ; que leurs revers sont ses revers, et leurs victoires ses victoires ; que le principe de non-intervention doit être étendu par la France à chaque peuple, soit qu'il s'approche ou s'éloigne de son territoire ; enfin, que la Belgique, la Suisse, la Pologne et l'Italie doivent être protégées par elle, et invitées à mûrir des institutions libérales sous son immense égide.

« Ainsi la presse, la chambre, les écoles et les clubs vont faire résonner plus haut que jamais, leurs clameurs guerrières. La doctrine de non-intervention, comme elle est avancée et soutenue par ce parti, admettrait la plus extensive application, et mènerait à des guerres interminables. L'empereur de Russie est roi de Pologne depuis quinze ans. Dans ses tentatives pour soumettre ceux qu'il regarde comme ses sujets, il n'y a point d'intervention, et nulle autorité ne peut dériver du principe de la non-intervention pour marcher contre lui, à travers le continent. On devrait se réjouir de la chute du despote ; on doit même assister les Polonais , mais non pas d'après les principes fanatiques de non-intervention.

« Le cas de la Belgique peut être donné en preuve. Tant que ce pays n'a été en contestation qu'avec son roi, la politique n'a point agi. C'est seulement quand la Prusse a été appelée au secours d'une des parties , que la France s'est mise en intervention. Son droit était fondé à raison du voisinage , et du péril immédiat qui menaçait ses institutions , de la part d'un pouvoir qui aurait détruit , à sa porte , des institutions semblables.

« Autrement, le gouvernement français serait amené au Quichotisme, et comme le chevalier de la Manche, occasionerait plus de maux qu'il ne pourrait en réparer ». (*12 mars*)

. . . .

« Le parti révolutionnaire trouve une provocation directe dans l'intervention menaçante de l'Autriche.

« Il oublie seulement une chose : c'est que si l'Autriche envoie des troupes pour réduire les insurrections de Bologne , de Modène et de Parme , elle rencontre une excuse , si ce n'est pas une justification , dans les attaques directes que les révolutionnaires de ces pays ont faites contre sa souveraineté , en proposant l'établissement d'une confédération italienne , à ses sujets du Milanais et de Venise.

« Cela donne à l'Autriche le droit de les considérer comme ennemis, et de se garantir de leurs complots, en les dépouillant du pouvoir de mal faire. Ce n'est plus une intervention dans les affaires d'un état inoffensif; c'est un acte de défense contre un ennemi déclaré. Soit que l'attaque ait lieu par une proclamation hostile , ou par une armée envahissante, il n'y a aucune différence dans le

droit de se défendre...... La France n'est nullement invi-
tée, par aucun intérêt direct, à soutenir les révolutionnaires italiens, et à se prévaloir du principe de la non-
intervention ». *(5 mars 1831)*.

. . . .

« L'Autriche doit éprouver des alarmes bien fondées,
non-seulement au sujet des principes subversifs de son
gouvernement, mais encore à cause de la probabilité que
ses sujets italiens ne souffriront pas long-temps de vivre
sous un despotisme étranger. Elle ne peut être assez ab-
surde pour insister sur un droit général d'intervention;
car une telle prétention serait équivalente à la proposition
de soumettre l'Italie et de l'occuper aussi long-temps qu'il
lui plairait. Mais aussi la France ne peut se rendre le
champion de la non-intervention en général, surtout à
une distance aussi éloignée de ses frontières; et sans tenir
compte des provocations particulières. Nous serions charmés de voir expulser les Autrichiens, de toute l'Italie :
mais tant qu'ils retiendront le Milanais et le pays de Venise, ils ne peuvent sans danger, permettre à la confédération bolognaise, d'inviter leurs sujets à la révolte. »
(8 mars).

. . . .

« Si l'Autriche réclamait un droit général d'intervention dans les affaires d'Italie, sans condition ni limitation,
sa prétention devrait être repoussée : mais si elle restreint
ses démarches aux insurgés de Bologne, de Modène et de
Parme, qui prétendent former une confédération italienne,
et invitent ses sujets de Milan à se révolter, son droit
d'intervenir et de prévenir leurs futures machinations est
incontestable. Elle est leur voisine immédiate. Ils forment
une alliance dans le dessein exprès de la chasser au-delà

des Alpes ; ils répandent des proclamations pour appeler ses sujets à secouer le joug. Il est naturel qu'elle préfère courir les chances de la guerre, au danger d'être renversée par des émeutes suscitées en son sein.

« Nous serions charmés de voir les Autrichiens rejetés hors de l'Italie ; mais s'ils doivent en être expulsés, laissons les Italiens achever la glorieuse entreprise ; et qu'il ne soit pas permis que la paix de l'Europe soit troublée par les tentatives ambitieuses des ultra-libéraux de France, pour propager leurs principes, ou pour établir leur pouvoir sous le vain prétexte de remplir un devoir politique, ou de se garantir d'un danger pressant. » (*12 mars*).

A. PIHAN DELAFOREST ,
IMPRIMEUR DE LA COUR DE CASSATION ,
rue des Noyers, n° 37.